CW00515053

OBJETS d'ART

ANTIQUES

EGYPTIENS, GRECS, ROMAINS

VERRES IRISÉS -:- TERRES CUITES -:- BRONZES

TISSUS COPTES -:- MARBRES

VENTE AUX ENCHÈRES PUBLIQUES

à Paris, en l'Hôtel des Commissaires-Priseurs, rue Drouot

SALLE Nº 10, AU PREMIER ÉTAGE

LE LUNDI 12 FÉVRIER 1923

A DEUX HEURES

Commissaire-Priseur :

Mᵉ ANDRÉ DESVOUGES

26, rue de la Grange-Batelière

Expert

M. CLÉMENT PLATT
Maison SERRURE

19, rue des Petits-Champs
Téléph. : CENTRAL 18-88

PARIS

Exposition Publique, Salle nº 10
LE DIMANCHE 11 FÉVRIER 1923

Conditions de la Vente

La vente aura lieu au comptant.

Les acquéreurs paieront *dix sept et demi pour cent* en sus des enchères.

M. CLÉMENT PLATT se charge d'exécuter aux conditions habituelles (5 % sur la limite), les commissions qui lui seront confiées.

EXPOSITIONS

Particulière : chez M. CLÉMENT PLATT, 19, rue des Petits-Champs. Paris ;

Publique : à l'HOTEL DROUOT, salle n° 10, le Dimanche 11 Février 1923, de 2 heures à 6 heures.

EGYPTE

TERRE ÉMAILLÉE

---

1 — **Anubis.** Le dieu à tête de chacal debout. Email noir.

Hauteur 0m052.

2 — **Dieu Bès** coiffé d'un bouquet de plumes. Email marron.

Hauteur 0m048.

3 — **Cynocéphale.** Représentation du dieu Thoth. Email bleu et blanc.
Planche I.   Hauteur 0m06.

4 — **Hathor.** Buste à double face de la Déesse aux oreilles de vache. La coiffure incomplète. Email bleu vert.

Hauteur 0m045.

5 — **Isis et Horus**. La déesse est assise sur un trône et tient Horus enfant sur ses genoux. La tête d'Horus et les pieds d'Isis manquent. Email verdâtre.

Hauteur 0m063.

6 — **Isis**. Buste dont les bras et le haut de la coiffure manquent. La main droite est sous le sein droit. Couleur verdâtre. Les cheveux sont noirs.

Hauteur 0m107.

7 — **Knoum.** Le dieu à tête de bélier debout. Email brun.

Hauteur 0m045.

8 — **Lion sacré** accroupi. Légères cassures aux oreilles. Email bleu verdâtre.

Longueur 0^m067.

9 — **Maut (?)**. Sa tête coiffée du pschent dont le sommet est brisé. Couleur grisâtre.

Hautenr 0^m105.

10 — **Oushabti** en faïence d'un beau bleu clair ; les yeux, les ornements et les hiéroglyphes sont peints en noir.

Hauteur 0^m115.

11 — Un second Oushabti, de même type, le bleu plus foncé.

Hauteur 0^m102.

12 — **Ptah sur les crocodiles.** Il porte un scarabée sur la tête et Isis est représentée sur son dos. Il a un épervier sur chaque épaule et un personnage sur chaque côté. Email vert bleu. Socle velours.

Hauteur 0^m070.

13 — **Sekhet**. La déesse à tête de lionne debout, coiffée de l'atew et vêtue de la shenti. Email vert bleu.

Hauteur 0^m05.

14 — **Sekhet assise.** La déesse est assise sur un trône. Elle est coiffée de l'uræus et tient l'œil oudja sur sa poitrine. Email vert bleu. Travail très fin.

Planche I.   Hauteur 0^m058.

15 — **Statuette funéraire** en faïence gris verdâtre. Les hiéroglyphes sont gravés en creux.

Hauteur 0^m155.

16 — **Thoth.** Le dieu à la tête d'Ibis debout. Email bleu grisâtre.

Hauteur 0^m045.

17 — **Thouëris** représentée sous la forme d'un hippopotame debout avec une queue de crocodile. Email gris verdâtre.

Hauteur 0m053.

18 — **Triade**. Isis. Horus et Nephthys debout. Email bleu vert.

Hauteur 0m043.

19 — Shou, Anubis, Thouëris et deux chattes. Les 5 pièces montées sur un seul socle bois. Shou est recollé au milieu du corps et il manque une oreille à l'une des chattes.

Planche I.

20 — **Génies funéraires.** Amset (à la tête humaine) et Duaumautew (à la tête de chacal). Email bleu verdâtre. Ces deux amulettes sont montées sur soie rougeâtre.

Hauteur de chacune 0m053.

21 — **Génie funéraire** Hapi, bel émail bleu et la déesse Nephthys agenouillée, la main droite portée au front, émail verdâtre. Ces deux amulettes sont montées sur soie rougeâtre.

Hauteurs respectives 0m041 et 0m046.

22 — **Bague** ornée du dieu Khons agenouillé et de fleurs de lotus. Email bleu vert.

23 — **Bès, dieu de la Guerre**. Il est debout et tient le glaive et le bouclier. Terre cuite naturelle.

Hauteur 0m08.

24 — **Isis et Horus.** Isis est assise sur un trône et tient le petit Horus sur ses genoux. Terre cuite couleur rouge et noire.

Hauteur 0m08.

BRONZES

---

25 — **Bœuf Apis** marchant, coiffé du disque, les yeux en creux devaient être incrustés d'ivoire. Socle marbre.
Planche I.   Longueur 0^m11.

26 — Un second bœuf Apis marchant coiffé du disque orné de l'uræus. Socle marbre.
                                                                     Longueur 0^m032.

27 — **Chatte assise.** La déesse Bast représentée sous la forme d'une chatte. Socle onyx.
Planche I.   Hauteur 0^m17.

28 — **Cynocéphale.** L'Animal est coiffé du disque et accroupi sur une haute base, ornée d'un Osiris, sur chacune de ses faces.
                                                                     Hauteur 0^m19.

29 — **Epervier.** L'oiseau sacré du dieu Horus est debout, coiffé de la couronne rouge.
                                                                     Hauteur 0^m033.

30 — **Ibis** accroupi, les doigts manquent.
                                                                     Longueur 0^m067.

31 — **Ichneumon** sur une base quadrangulaire.
                                                                     Longueur 0^m055.

32 — **Poisson sacré.** Socle marbre jaune.
Planche I.   Longueur 0^m095.

33 — **Serpents.** Un uræus devant un serpent allongé sur une base quadrangulaire.
                                                                     Longueur 0^m203.

34 — **Taureau** ou Bœuf Apis. L'animal est accroupi sur un chapiteau provenant d'un char.

Hauteur 0m115.

35 — **Uræus**. 3 Uræus sur un chapiteau en forme de fleur de lotus.

Hauteur 0m185.

36 — **Ammon debout**. Les plumes et le disque de sa coiffure manquent.

Hauteur 0m12.

37 — **Bast.** La déesse à tête de chatte est debout, vêtue d'une longue robe finement décorée. Elle porte le sistre et la situle (Trouvée à Thèbes).
Planche I.   Hauteur 0m082.

38 — **Horus.** Le dieu est assis, nu et coiffé du klaft surmonté de l'atew. Il porte le doigt à ses lèvres.
Planche I.   Hauteur 0m14.

39 — **Horus.** Le dieu, coiffé de l'atew, est assis sur une fleur de lotus, surmontant une haute base. Il porte le doigt à ses lèvres. Pièce rare. Socle marbre.
Planche I.   Hauteur 0m11.

40 — **Isis et Horus.** La déesse est assise, coiffée du disque. Elle tient Horus enfant sur ses genoux.
Planche I.   Hauteur 0m21.

41 — **Nowre Atoum.** Amulette représentant le dieu marchant, coiffé de la fleur de lotus surmontée de deux plumes.

Hauteur 0m08.

42 — **Nowre Atoum.** Il est debout, coiffé de la fleur de lotus, sans les plumes qui complètent sa coiffure.

Hauteur 0m:4.

43 — **Osiris assis.** Le dieu est barbu et porte la couronne blanche ornée de l'uræus. Le type assis est rare.
Planche II.   Hauteur 0m120.

44 — **Osiris debout**. Il porte le diadème atew et tient le fouet et le crochet. Hiéroglyphes sur la base.

Hauteur 0^m30.

45 — **Ptah assis**. Le dieu est coiffé du disque orné d'une tête d'oiseau. Il tient le sceptre entre ses bras sortis du maillot. Sujet rare. Socle marbre.

Planche II.

Hauteur 0^m17.

46 — **Ptah** debout. Le dieu est debout, enveloppé comme une momie ; les mains sortant du maillot tiennent le sceptre. Les yeux en creux devaient être incrustés.

Planche II.

Hauteur 0^m13.

47 — **Statuette d'homme** nu assis. Socle marbre jaune.

Hauteur 0^m10.

48 — **Situle** avec anse.

Hauteur 0^m13.

49 — Une autre montée sur bois. L'anse manque.

Hauteur 0^m135.

BOIS SCULPTÉS

50 — **Génie Funéraire**. " Kebhsennouw " à tête d'épervier en bois découpé et sculpté.

Hauteur 0^m185.

51 — **Isis** agenouillée, coiffée du trône, le bras droit légèrement replié et levé, le gauche abaissé vers le genou. Les yeux sont peints en noir.

Planche II.

Hauteur 0^m31.

.52 — **Statue funéraire** en bois peint, représentant un personnage mumiforme debout, coiffé de l'atew, la figure dorée, sur une base quadrangulaire également en bois peint. Devant lui, à ses pieds est l'épervier, emblème de l'âme du défunt.

Hauteur 0ᵐ70 ; longueur 0ᵐ45 ; largeur 0ᵐ105.

SCULPTURES EN PIERRE

53 — **Tête d'Osiris** coiffée de la couronne blanche. Le dos de la tête a été brisé et recollé. Pierre grise.

Hauteur 0ᵐ11.

54 — **Oushabti** en calcaire. Les hiéroglyphes sont gravés en creux.

Hauteur 0ᵐ19.

55 — **Tête masculine** en basalte noir, d'un beau travail. Le nez est réparé. Socle rouge.

Planche II.

Hauteur 0ᵐ24.

56 — **Tête de Pharaon** coiffée du Klaft. Un morceau est recollé derrière le sommet de la tête. Calcaire.

Planche II.

Hauteur 0ᵐ12.

57 — **Buste en granit noir** représentant un Roi Egyptien. Inscription hiéroglyphique au dos. Pièce très intéressante. Socle marbre noir.

Planche II.

Hauteur 0ᵐ19.

58 — **Statuette funéraire** mumiforme en pierre verte.

Hauteur 0ᵐ21.

59 — **Tête d'homme** en plâtre peint, provenant des fouilles d'Antinoë.

Hauteur 0ᵐ20.

59 *bis* — Personnage accroupi. La partie inférieure en granit, portant une légende en hiéroglyphes, subsiste seule.

Hauteur 0ᵐ17.

VERRES ANTIQUES

60 — **Oenochoé** à bouche trilobée, panse ornée de légères dépressions. Pâte verdâtre.

Hauteur 0ᵐ11.

61 — **Vase** à goulot évasé et à panse piriforme, ornée d'appendices et de filets.
Planche III. Hauteur 0ᵐ105.

62 — **Oenochoé** dont l'anse et le goulot sont refaits. Pate brun doré.

Hauteur 0ᵐ14.

63 — **Vase pomiforme** à large et haut goulot. Légère irisation.

Hauteur 0ᵐ143.

64 — **Aryballe** à panse légèrement cannelée. Irisation vert métallique.
Planche III. Hauteur 0ᵐ16.

65 — **Bouteille** à panse cylindrique et à goulot évasé. Faibles irisations.

Hauteur 0ᵐ155.

66 — **Bouteille** à panse ovoïde. Irisation verte et bleue. Un morceau est recollé à la panse.

Hauteur 0ᵐ155.

67 — **Flacon** à panse pomiforme. Pâte brune, irisation multicolore.
Planche III.   Hauteur 0m108.

68 — **Flacon** plat à deux anses, dont l'une large et l'autre étroite. Panse aplatie
goulot bagué. Pâte jaune et anses bleu-vert à filets rouges. Légères
irisations.
Planche III.   Hauteur 0m14.

69 — **Flacon** à panse pomiforme et à goulot court. Irisation multicolore.
                                                  Hauteur 0m073.

70 — Un second flacon même type, goulot bagué. Irisation multicolore.
                                                  Hauteur 0m074.

71 — **Gobelet** à large goulot évasé. Forte brèche antique. Irisation multicolore.
                                                  Hauteur 0m135.

72 — **Oenochoé** à bouche trilobée. Jolie irisation.
Planche III.   Hauteur 0m085.

73 — **Bouteille** à panse ovoïde ornée d'appendices et à goulot évasé. Pâte jaune
avec une bague verte au col. Irisation dorée et multicolore.
Planche III.   Hauteur 0m185.

74 — **Gobelet** à irisation blanche.
                                                  Hauteur 0m072·

75 — **Très joli flacon** formé de deux têtes d'Éros accolées. Belle irisation.
Planche III.   Hauteur 0m095.

76 — **Joli flacon** à panse piriforme et à haut goulot. Belle irisation verte
et violette.
                                                  Hauteur 0m133.

77 — **Flacon fusiforme**, légère irisation.
                                                  Hauteur 0m43.

78 — **Vase** à panse pomiforme légèrement cannelée et à goulot court. Pâte épaisse. Légère irisation multicolore.

Hauteur 0m085.

79 — **Flacon** à panse pomiforme ornée d'appendices, goulot évasé.

Hauteur 0m118.

80 — **Vase** à panse pomiforme. Irisation foncée.

Hauteur 0m082.

81 — **Vase** à panse pomiforme ornée de cannelures. Belle irisation verte et violette.

Hauteur 0m080.

82 — **Balsamaire** à panse conique. Pâte verdâtre.

Hauteur 0m102.

83 — **Coupe**. Belle irisation verte et violette.

Largeur 0m09.

84 — **Flacon** pomiforme. Belle irisation scarabée et violette.

Hauteur 0m108.

85 — **Balsamaire** sur pieds à panse ornée d'appendices. Irisation nacrée.

Hauteur 0m113.

86 — **Flacon** piriforme en verre bleu lapis.

Hauteur 0m112.

87 — **Balsamaire** à panse piriforme. Belle irisation nacrée.
Planche III. Hauteur 0m08.

88 — **Flacon** à panse pomiforme, en pâte de verre rubannée bleu et blanc.

Hauteur 0m087.

89 — **Balsamaire** sur pieds à panse pomiforme ornée de cannelures en relief. Goulot largement évasé. Pâte verdâtre. Belle irisation verte et violette.
Planche III. Hauteur 0m11.

90 — **Gobelet** largement évasé. Légère irisation.

Hauteur 0m118.

91 — **Bouteille** à panse ornementée en creux et en relief, recollée et réparée. Irisation multicolore.

Hauteur 0m140.

92 — **Bouteille** à panse ornementée en relief. Jolie irisation multicolore.
Planche III. Hauteur 0m123.

93 — Bracelet en pâte de verre. Dessins verts jaunes et brique.

94 — Un autre bracelet pâte de verre à dessins rouges.

95 — Tige de verre terminée par un anneau en pâte de verre bleu et blanc (Agitateur pour liquides). — Phénicie.

Longueur 0m20.

TAPISSERIES COPTES

---

96 — Un fragment carré à personnage. Encadré.

97 — Un fragment ovale à personnages. do

98 — Un fragment carré à personnage sur fond rouge. do

99 — Un fragment rond à personnage. do

100 — Un fragment rond polychrôme. do

101 — Un fragment carré à personnages et animaux. do

GRÈCE et ITALIE

VASES PEINTS

102 — **Cruche** à anse plate et long col cylindrique. Décor géométrique damiers et chevaux. IX° à X° av. J.-C. Dipylon d'Athènes. Recollé et quelques restaurations.

Hauteur 0m157.

103 — **Oenochoé** à bec vertical et à anse ronde au bas du goulot. Style archaïque. Décor géométrique. Chypre.

Hauteur 0m140.

104 — **Oenochoé** à bec vertical et à trois pieds. Anse ronde au bas du goulot. Style archaïque. Décor géométrique. Chypre.

Hauteur 0m16.

105 — **Alabastre.** Sur la panse, une déesse ailée tient de chaque main le col d'un cygne aux ailes déployées qu'elle fait le geste d'étrangler (Artémis dite Persique). Cassure au haut du goulot. Corinthe.

Hauteur 0m086.

106 — **Aryballe** polychrome. Sur la panse, une suite de personnages dansant. Style corinthien.

Hauteur 0m066.

107 — **Aryballe.** Sur la panse une sirène, les ailes déployées, debout entre deux lionnes vues de profil, la tête de face, les queues entrelacées. Corinthe.

Planche IV.   Hauteur 0m145.

108 — **Pyxis Athénienne**. Décor : Scène de gynécée sur fond noir. Recollé avec restaurations.

Hauteur 0^m15.

109 — **Grand cratère** de style Attique à fond noir et dessins rouges représentant un éphèbe nu près d'une grande amphore entre 2 centaures barbus. Derrière, deux éphèbes debout. Recollé.

Hauteur 0^m37.

110 — **Lécythe Athénien** à goulot court. Sur la panse, Pégase entre deux personnages drapés debout. Sur le col, deux personnages également drapés et debout, séparés par une palmette. VIe siècle avant J.-C. Figures noires sur fond rouge.

Planche IV. Hauteur 0^m176.

111 — **Lécythe Athénien**. Sur la panse, un cavalier entre deux combattants casqués et armés de boucliers et de lances. Recollé au col, au pied et à l'anse. Figures noires sur fond rouge.

Hauteur 0^m23.

112 — **Lécythe Athénien** à figures noires, représentant un personnage barbu, vêtu d'un chiton, le manteau en écharpe sur les épaules, debout entre un satyre et une ménade. Goulot et embouchure recollés. L'anse manque.

Hauteur 0^m172.

113 — **Oenochoé** à bouche trilobée et à anse ronde. Fond noir à figures rouges dessinées au trait. Sur la panse, une tête féminine entre une tête de cheval et un buste de griffon.

Hauteur 0^m173.

114 — **Oenochoé** à bouche trilobée, fond noir et décor noir sur fond blanc de satyres et nymphes. Recollé au goulot.

Hauteur 0^m21.

115 — **Amphore** ornée sur une face d'un éphèbe tenant un flambeau devant une femme drapée et voilée et sur l'autre d'un cavalier, coiffé du bonnet phrygien, retenant un cheval par la bride. Palmettes sur les côtés. Sur le col, tête de femme et tête masculine coiffée d'un casque. Fond noir, figures rouges rehaussées de blanc.

Planche IV.   Hauteur 0m41.

116 — **Guttus.** Décor: têtes féminines et panthères. Figures rouges sur fond noir.

Planche IV.   Hauteur 0m155 ; Longueur 0m17.

117 — **Oenochoé** à bouche trilobée. Sur la panse, Victoire tenant une palme. Figures rouges à rehauts blancs sur fond noir. Apulie.

Hauteur 0m19.

118 — **Grande amphore** ou cratère à mascarons, les anses relevées. Figures rouges sur fond noir. Rehauts blancs, jaunes et bruns ; au bas du col, deux têtes de cygne en relief sur chaque face ; une brisée. Sur la panse, têtes féminines et palmettes. Vase italiote.

Hauteur 0m46.

119 — **Oenochoé** à bouche trilobée. Panse ornée d'une tête de femme diadémée entre des volutes et des palmettes. Fond noir à figures rouges et rehauts jaunes. Apulie.

Hauteur 0m276.

120 — **Coupe** décorée à l'extérieur. Figures rouges à rehauts jaunes sur fond noir. Têtes féminines et palmettes. Apulie.

Hauteur 0m075 ; Diamètre 0m173.

TERRES CUITES

121   **Déesse debout** archaïque dite en forme de planche. Ornements ronds.
Hauteur 0m25.

122 — **Déesse assise** sur un trône à palmettes peintes en rouge, les bras
cachés sous un ample vêtement; chevelure bouclée à haut diadème.
Terre cuite athénienne du VIe siècle av. J.-C.
Planche V.   Hauteur 0m23.

123 — **Déesse assise**. Son attitude est archaïque, les bras sortis de la robe.
Style attique.
Hauteur 0m10.

124 — **Coré debout.** La Déesse, de style archaïque, est debout sur une base
quadrangulaire; elle a les bras allongés le long du corps. Tête recollée.
Hauteur 0m215.

125 — Buste estampé d'une déesse coiffée d'un large stéphané. La coiffure
séparée sur le front en deux bandeaux ondulés, retombe sur les épaules
à l'Egyptienne en ondes parallèles horizontales. Style sévère. Recollé et
léger manque au diadème.
Planche IV.   Hauteur 0m28.

126 — **Masque d'homme** barbu. Gréco-Romain. Recollé.
Hauteur 0m115.

127 — **Masque funéraire** de femme. Style Béotien archaïque.
Hauteur 0m175.

128 — **Déesse assise** tenant un oiseau dans la main droite. Rhodes.
Hauteur 0m112.

129 — **Aphrodite nue**, debout sur une base ovale. Elle porte un collier, un diadème et des bracelets et retient ses cheveux de ses deux mains. Asie-Mineure.

Hauteur 0ᵐ323.

130 — **Coré** mi-nue assise sur un rocher. Elle tient de la main droite un alabastre et dans la gauche une grenade. Belle statuette de Tanagra.
Planche V.   Hauteur 0ᵐ22.

131 — **Enfant** debout tourné à gauche. De la main gauche il maintient son manteau et de la droite il excite son chien à saisir un lapin qui s'enfuit. Très jolie terre cuite polychrôme.
Planche IV.   Longueur 0ᵐ15 ; Hauteur 0ᵐ14.

132 — **Eros** ailé debout à gauche devant un zébu. L'aile et la tête d'Eros sont recollées. Très jolie pièce polychrôme avec marque de potier M.
Planche V.   Longueur 0ᵐ16 ; Hauteur 0ᵐ11.

133 — **Eros ailé** nu, assis à dr. sur un rocher et jouant de la lyre.

Hauteur 0ᵐ16.

134 — Homme étendu sur un lit tendant de la main droite une coupe. Très belle terre cuite polychrôme.
Planche V.   Longueur 0ᵐ10 ; Hauteur 0ᵐ12.

135 — **Femme drapée.** Elle est debout et enveloppée d'un grand voile qu'elle soulève de la main gauche.

Hauteur 0ᵐ145.

136 — **Personnage assis**, coiffé d'un bonnet pointu, tenant dans sa main droite une flute de Pan. Macédoine. La tête est recollée.

Hauteur 0ᵐ16.

137 — **Femme debout** drapée et voilée, coiffée d'un chapeau pointu. De la main gauche elle tient un éventail. Restaurée et recollée.

Hauteur 0ᵐ26.

138 — **Vénus drapée mi nue.** Elle est debout, posée sur une base quadrangulaire et retient ses draperies de la main droite. Le bras gauche manque.

Hauteur 0m35.

139 — **Acteur** représenté debout tenant un masque. Il est drapé, les jambes velues dépassant le manteau. Recollé aux jambes.

Planche V.　　　　　　　　　　　　　　　　Hauteur 0m225.

140 — **Singe Musicien.** Il est nu, ventru, assis et tient une lyre.

Hauteur 0m092.

141 — **Bélier debout.** L'animal porte une selle.

Hauteur 0m10.

142 — **Porc debout** sur une base.

Hauteur 0m09.

143 — **Tête archaïsante.** Couleur rougeàtre. Les cheveux bouclés, les yeux et sourcils sont peints en noir. Chypre.

Hauteur 0m095.

144 — **Tête de femme archaïsante** ornée de colliers et d'une couronne ou diadème dont le devant manque. Chypre.

Hauteur 0m14.

145 — **Tête de femme** légèrement penchée vers la gauche. Socle marbre jaune.

Hauteur 0m04.

146 — Une tête à nez épaté et lèvres épaisses. Socle marbre jaune.

Hauteur 0m05.

147 — **Tête féminine,** les cheveux coiffés en arrière et roulés en chignon bas.

Hauteur 0m052.

148 — **Tête de femme** à long cou, les cheveux bouffants sur le front et ramenés en boucles de chaque côté du cou.

Hauteur 0m065.

149 — Tête, la chevelure ornée de feuilles.

Hauteur 0m065.

150 — Tête de femme ornée d'une couronne en forme de bourrelet. Les cheveux séparés en raie et roulés en chignon bas.

Hauteur 0m07.

151 — Une tête de femme, les cheveux coiffés en bandeaux. Socle marbre.

Hauteur 0m063.

152 — Une autre petite tête féminine.

Hauteur 0m04.

153 — Une tête féminine.

Hauteur 0m048.

154 — Une tête de femme, les cheveux coiffés en arrière et ornés d'un large diadème brisé en partie.

Hauteur 0m058.

155 — Buste de femme, les cheveux ornés d'une parure compliquée.

Hauteur 0m12.

156 — **Buste de femme**, les cheveux bouclés, jouant de la double-flute.

Hauteur 0m115.

157 — **Buste de soldat** tête nue. La tête est recollée.

Hauteur 0m175.

158 — **Buste d'Apollon (?)**. Il est représenté lauré.

Hauteur 0m21.

159 — **Tête de Déesse.** Les cheveux encadrant la figure.

Hauteur 0m285.

160 — **Bol** à décor en relief à palmettes. Mégare. Terre vernissée brune.

Diamètre 0m097.

161 — **Corne d'abondance** terminée par une tête d'animal cornue. Décor de feuilles.

Hauteur 0m13.

162 — Petit vase à deux anses, dont la panse est formée d'une tête aux cheveux bouclés.

Hauteur 0m073.

BRONZES

---

163 — **Personnage nu** marchant appuyé de la main gauche sur un long bâton, les cheveux longs dans le cou. Travail étrusque.

Hauteur 0m055.

164 — **Chimère ailée** posée sur un pied griffu ayant servi de pied de meuble. Travail étrusque. Socle albâtre.

Planche VIII.

Hauteur 0m09.

165 — **Divinité ailée** vue de profil, formant sans doute le manche d'un miroir. Le bras gauche est brisé au-dessous du coude. La partie supérieure est terminée par une tête d'animal aux longues oreilles. Travail étrusque. Socle velours.

Hauteur 0m115.

166 — **Femme drapée assise**, le bras gauche étendu sur les genoux, le droit appuyé sur un masque. Travail romain. Socle marbre jaune.

Hauteur 0m052.

167 — **Vénus à demi nue debout**. Elle est nue et diadémée avec une ceinture drapée autour des hanches. Sa main droite protège ses seins et la gauche élève une pomme. Travail romain. Patine verte. Socle marbre rouge.
Planche VI.   Hauteur 0ᵐ12.

168 — **Artémis debout,** vêtue d'une tunique courte, la main gauche sur la hanche et le bras droit élevé, semblant tenir un objet qui a disparu. Socle bronze. Travail romain.
                                                         Hauteur 0ᵐ185.

169 — **Soldat combattant**. Il est représenté casqué, marchant, tenant son bouclier et frappant de son épée. Travail romain. Le sol en plomb et le socle bronze sont modernes.
Planche VI.   Hauteur 0ᵐ11.

170 — **Hercule enfant**. Il est représenté debout, nu, étouffant un serpent de la main gauche. Il manque la main droite.
                                                         Hauteur 0ᵐ12.

171 — **Isis Fortune debout**. Elle est diadémée sous le modius et est vêtue du chiton ; elle tient une corne d'abondance et le gouvernail. Patine vert foncé. Travail romain.
Planche V.   Hauteur 0ᵐ10.

172 — **Hercule debout**. Il est représenté nu, barbu, la tête laurée. Il tient la massue et la peau du lion. Patine brun foncé. Socle marbre jaune. Beau travail gallo-romain.
Planche VI.   Hauteur 0ᵐ15.

173 — **Athèna debout,** coiffée d'un casque et vêtue du double chiton talaire. Elle a le bras droit étendu et le gauche légèrement replié. Travail gréco-romain.
                                                         Hauteur 0ᵐ078.

174 — **Personnage nu** debout, la main droite appuyée sur la hanche. Le bras gauche, cassé au-dessous du coude est légèrement replié et tendu en avant. Travail gréco-romain.

Hauteur 0^m17.

175 — **Hercule Bibax** nu, debout, coiffé de la peau de lion, attachée à son cou et ramenée sur le bras gauche. Le bras droit est brisé au poignet. Travail gréco-romain.

Hauteur 0^m135.

176 — **Hercule nu debout**, tenant sa massue derrière la tête de la main gauche. Les pieds et le bras droit manquent. Socle marbre jaune. Travail gréco-romain.

Hauteur 0^m075.

177 — **Personnage nu assis**. Céphale ?. Il est légèrement tourné vers la gauche et semble prêt à la défense, la main droite ouverte. Il lui manque la main gauche. Socle marbre jaune en forme de roc. Très jolie pièce de style hellénistique.

Planche VI.   Hauteur 0^m175.

178 — **Taureau debout**. Jolie patine verte. Travail grec d'Asie-Mineure. Socle marbre rouge.

Planche VI.   Longueur 0^m09 ; Hauteur 0^m07.

179 — **Personnage nu couché sur un canard**. Le personnage et le canard ont le cou ornés de colliers analogues. Asie-Mineure. Patine verte. Socle marbre.

Planche V.   Longueur 0^m055 ; Hauteur 0^m047.

180 — **Aphrodite**. Vénus représentée nue, debout, tenant une pomme en la main droite ; le bras gauche est brisé. Elle a les cheveux relevés derrière la tête et porte un haut diadème orné de denticules. Patine verte. Socle onyx. Belle statuette d'Asie-Mineure.

Planche VI.   Hauteur 0^m260.

181 — **Eros endormi**. Il est couché nu, le cou orné d'un collier. Le bras gauche est replié sous sa tête. Cassure au genou. La base qui devait être ronde est aussi brisée en partie. Asie-Mineure.

Longueur 0m09 . Largeur 0m065.

182 — **Miroir gravé,** orné de deux personnages nus assis en regard. Encadrement de lauriers. Le manche est terminé par une tête de bélier. Style Etrusque.

Hauteur 0m275.

183 — Lampe chrétienne munie de son couvercle et ornée d'une croix.

Longueur 0m20.

184 — Oenochoé à embouchure trilobée. L'anse est ornée à sa partie supérieure d'un buste de femme archaïque et à sa partie inférieure d'un masque d'homme. Belle patine verte.

Planche VI.   Hauteur 0m168.

185 — **Grande anse de vase**. La partie inférieure formant une plaque ornée d'une tête de fleuve cornue, en haut relief, encadrée de volutes. Belle patine rouge. L'anse est brisée à son raccord à la plaque.

Dimensions de la plaque : 0m14 × 0m133.

186 — Boucles mérovingiennes, etc. 13 pièces montées sur un plateau velours.

187 — Boucles mérovingiennes, etc. 12 pièces montées sur un plateau velours.

MARBRES

188 — Fragment de Chimère comprenant la partie médiane du corps. la partie supérieure des cuisses et les deux ailes brisées. Le cou est orné d'un collier. Marbre.

Hauteur 0m20.

189 — Buste d'une reine drapée et richement parée de bijoux, tenant un sceptre de la main gauche et retenant son voile de la main droite. Inscription à droite. Palmyre. Pierre blanche.

Planche VII. Hauteur 0m49 ; Largeur 0m45.

190 — Bas relief rectangulaire en marbre représentant deux déesses appuyées l'une sur un lion et l'autre sur un léopard. Entre eux, deux génies ailés. Restaurations. Travail romain.

Dimensions : 0m68 × 0m34.

191 — **Tête de philosophe** barbu, les cheveux en mèches encadrant la figure. Travail grec. Marbre.

Hauteur 0m22.

192 — **Tête masculine,** les cheveux bouclés. Le nez est abimé. Granit noir. Travail égypto-romain.

Hauteur 0m235.

193 — **Tête de femme** dont la chevelure et le derrière de la tête manquent. Travail égypto-grec. Marbre.

Hauteur 0m273.

194 — **Tête de femme.** Elle porte les cheveux séparés au milieu du front et enroulés jusqu'au chignon bas. Un ruban lui entoure la tête. Marbre de Paros. Travail grec. Restaurations au nez et au bas de la figure.

Planche VIII. Hauteur 0m22.

195 — **Tête de femme** légèrement penchée vers la gauche. Elle porte les cheveux séparés par une raie et enroulés en tresses jusqu'au chignon placé très bas. Un ruban lui entoure la tête. Cassure au nez. Beau travail grec. Marbre de Paros. Socle porphyre.
Planche VIII.   Hauteur 0m105.

196 — **Tête de Victoire**, les cheveux ornés d'un ruban. Deux mèches en avant sont relevées sur le sommet de la tête, les autres roulées en chignon sur la nuque. Restaurations. Marbre de Paros. Travail grec.
Planche VIII.   Hauteur 0m36.

197 — **Tête d'Hermès (?).** Belle tête masculine avec cheveux légèrement ondulés. Au sommet de la tête, fragments des ailes qui forment la coiffure du dieu. Restauration au nez. Marbre.
Planche VIII.   Hauteur 0m27.

198 — **Vénus debout.** Elle est mi nue et retient de sa main gauche les draperies qui entourent le bas de son corps. La tête, le bras droit et les pieds manquent. Albâtre.
Hauteur 0m21.

199 — **Femme debout**, nue jusqu'à la ceinture. Une draperie recouvre tout le bas du corps et vient s'enrouler sur le bras gauche, brisé au milieu de l'avant bras. La tête et le bras droit manquent. Restaurations au cou. Marbre.
Hauteur 0m89.

R. TAHOTE, Imprimeur-Graveur

47, rue de Richelieu - Paris

3

19

14

27

40

25

37

39

32

38

CL. PLATT, expert, 19, Rue des Petits-Champs, Paris.

Le Deley, imp., Paris

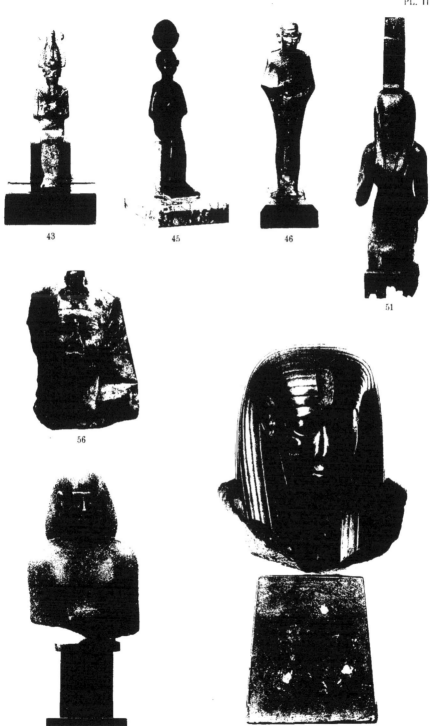

43

45

46

51

56

57

55

61

64

67

68

75

73

72

89

92

87

CL. PLATT, expert, 19, Rue des Petits-Champs, Paris.

Le Delay, imp., Paris

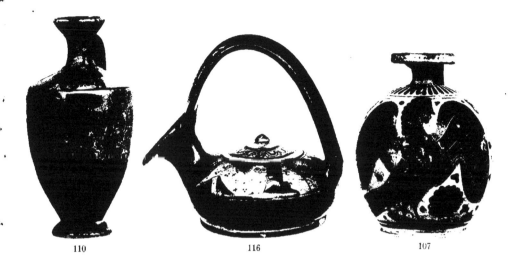

110   116   107

115   125

CL. PLATT, expert, 19, Rue des Petits-Champs, Paris.   Le Deley, imp., Paris

139   122   130

131   171   134

179   132

CL. PLATT, expert, 19, Rue des Petits-Champs, Paris.   Le Deley, imp., Paris

177   167   172

184   169

180   178

190

189

CL. PLATT, expert, 19, Rue des Petits-Champs, Paris.

Le Deley. imp., Paris

164

195

194

197

196

CL. PLATT, expert, 19, Rue des Petits-Champs, Paris.

Le Deley, imp., Paris

Imprimé en France
FROC030037250919
22241FR00010B/267/P

9 782329 330006